新装版 虚弱なシニアでもできる 楽しい アクティビティ32

斎藤道雄 著

JN091907

黎明書房

はじめに <small>―虚弱なシニアを対象に
運動をリードするコツ―</small>

「もっと虚弱な人にもできるゲームはありませんか？」

講演会の講師をすると，必ずといっていいほどこんなことを質問されます。

「元気な人にはできるけど，虚弱な人にはできない」と，こうなってしまうのです。だから，ぼくは，高齢者をもっと，分類して（大きなグループに分けて）考えるべきだと思います。

たとえば，自立している方々，比較的介護度が軽い方々（要支援～介護度２）。比較的介護度が重い方々（介護度３〜５），といった３つのグループに分類してみます。からだを動かすこと（目的）はみんないっしょでも，その内容（手段）が違ってきます。

だから，「高齢者」ということばで，シニア世代をひとくくりにしてしまうことは，とても無理があるのです。

だから，ぼくはあえてグループ分けをして，それぞれにあったからだの動かし方を考えてみました。それを実践していくうちに感じたことは，対象者が虚弱な方々のときは，支援者は，元気な方々と同じ反応を求めないことです。わかっているつもりでも，ついつい元気な人と同じような反応を求めてしまうことがあります。

　ここでいう反応とは，質問に答えてくれる，からだを動かしてくれる，笑ってくれる，などです。

　「もっと虚弱な人にもできるゲームはありませんか」のその質問の意味には，ひょっとしたら虚弱な人が，元気な人と同じような反応をするようなゲームはありませんか？　という意味で聞いているような気がするのです。

　虚弱な人でも，元気な人と同じように，盛り上がるようなゲームはありませんか？　ということです。

元気な人の 100 点満点と，虚弱な人の 100 点満点は違います。それを，虚弱な人にも元気な人と同じ 100 点満点を目指しているように感じるのです。これって，とても大変なことです。だから，介護される側も，する側も余計な負担が増えてしまうんです。

　この本は，ぼくが，実際に介護レベルの重い方々（おもに介護度 3，4，5）を中心に，からだを動かすことを目的として行っている種目の数々です。決して，盛り上げるためにやっているものではありません。（ただし，からだを動かした結果として盛り上がることはあります。あくまでも動かした結果としてです）

　これまでの著書『実際に現場で盛り上がるゲーム＆指導のコツ』や『デイホームのためのお年寄りの簡単ゲーム集』に比べると，今回の本には，こまかいルールやゲーム性があまりありません。それは，からだを動かすことが目的であって，盛り上げることを目的としていないからということを，あらかじめご了承ください。

斎藤　道雄

＊本書は先に出版した，お年寄りと楽しむゲーム＆レク⑤『特養でもできる楽しいアクティビティ 32』を新装・大判化したものです。

もくじ

はじめに―虚弱なシニアを対象に運動をリードするコツ―

虚弱なシニアでもできる簡単アクティビティ

からだを動かすお手伝い

1 　お手玉をわたす　8

2 　お手玉を受けとる　10

3 　お手玉を上から落とす　12

4 　お手玉をパスする　14

5 　ビーチボールをわたす　16

6 　ビーチボールを受けとる　18

7 　ビーチボールを上から落とす　20

8 　ビーチボールをパスする　22

9 　盆踊りをする　24

10 　ゆび相撲をする　26

ENTS

11 ずいずいずっころばしをする　28

12 輪投げをする　30

13 手拍子をする　32

14 ゆびきりをする　34

15 楽器を鳴らす　36

16 話しかける　38

17 足ぶみをする　40

18 おじぎをする　42

19 ばんざいをする　44

20 じゃんけんをする　46

からだをほぐすお手伝い

21 肩をかるくたたく　48

22 背中をかるくたたく　50

23 腕をかるくたたく　52

24　手のひらをゆびで押す　*54*

25　握手をする　*56*

26　手のひらを合わせる　*58*

27　手のひらを合わせて押す　*60*

28　ひっぱりっこする　*62*

29　シーソーする　*64*

30　両手をつなぐ　*66*

31　空き缶を転がす　*68*

32　手首をもってふる　*70*

虚弱なシニアのアクティビティって？

そんなに盛り上げなきゃいけないの？　*74*

からだを動かすお手伝いをする　*78*

からだをほぐすお手伝いをする　*82*

生活のリズムを維持するために　*86*

おわりに－ハードよりもソフトの時代－　*90*

イラスト　わたいしおり

虚弱なシニアでもできる

簡単アクティビティ

1 お手玉をわたす

◎お手玉をお年寄りの手のひらに，のせてみましょう。

■進め方■

1．まず，両手を広げて受けとる姿勢をつくってもらって（構えて），手のひらにお手玉を置くようにしてパスする（置いてもいい）。

2．お手玉は置くようにして（投げないで）わたす。

3．ここでは，あくまでも，相手がお手玉を受けとる（持つ）ことが肝心。

4．片手でもチャレンジ。

5．反対の手でもチャレンジ。

■このアクティビティでのお年寄りの動き■

●手をひらく（パーにする）。

●手を握る（お手玉をつかむ）。

2 お手玉を受けとる

◎お年寄りからお手玉を受けとってみましょう。

■進め方■

1. 手のひらを差し出して，お手玉を受けとる（さあ，ここにお手玉を置いてちょうだいというオーラを出しまくって……）。
2. 「ちょうだい」という意思表示をオーバーにする（大げさすぎるくらいがちょうどいい）。
3. 相手が動きやすいように（お手玉を差し出しやすいように）誘導してみましょう。

■このアクティビティでのお年寄りの動き■

●手を握る（お手玉をつかむ）。

●腕を曲げる。

●腕を伸ばす。

●手をひらく（お手玉をはなす）。

●相手の手のひらを見る（目標物を見る）。

からだを動かすお手伝い

3 お手玉を上から落とす

◎お手玉を上から落として，お年寄りにキャッチしてもらいましょう。

■進め方■

1．まず，両手を（おなかの前で）広げて，受けとる姿勢をつくってもらう（構える）。

2．（相手の）頭の高さぐらいから，お手玉を落とす。
このとき，手の中に入るように，ねらいを定めて落とす。
キャッチするというより，**手の中に落とす**，というイメージで。
はじめは，10 センチぐらいの高さから。

3．慣れてきたら，少しずつ高くしてチャレンジ。

■このアクティビティでのお年寄りの動き■

●手をひらく（構える）。

●手をにぎる（お手玉をつかむ）。

●腕を曲げる（構える）。

●お手玉を見る。

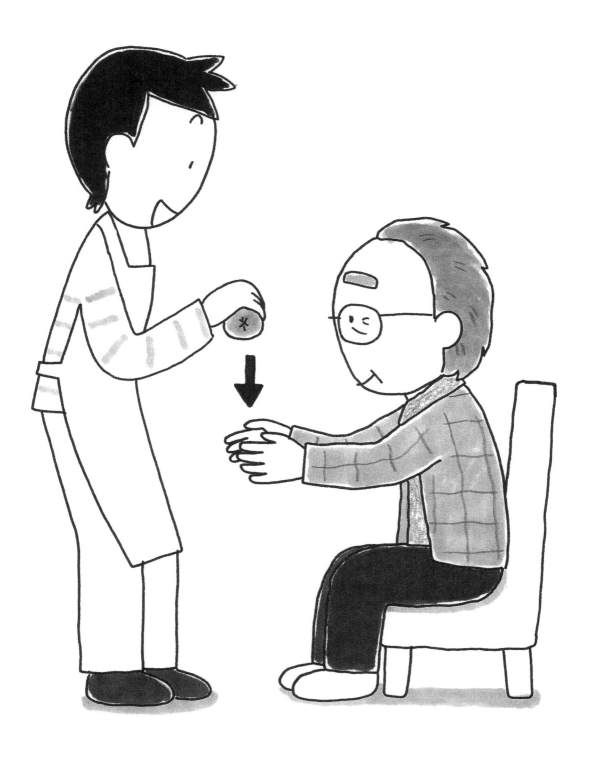

4 お手玉をパスする

◎お手玉を，お年寄りにパスして（投げてわたす）受けとってもらいましょう。

■進め方■

1．まず，両手を（おなかの前で）広げて，受けとる姿勢をつくってもらう（構えてもらう）。

2．下からやさしくていねいに投げてあげて。

投げるほうの，コントロールが大切。

お手玉を（相手の手のひらの中に）投げ入れてあげるイメージで。

短い距離（30センチぐらいの距離）からはじめてみましょう。

■このアクティビティでのお年寄りの動き■

●手をひらく（構える）。

●手を握る（お手玉をもつ）。

●腕を曲げる（構える）。

●お手玉を見る。

5　ビーチボールをわたす

◎ビーチボールを（お年寄りに）わたしてみましょう。

■進め方■

1．まず，両手をビーチボール大に（おなかの前で）広げて，受けとる姿勢をつくってもらう（構えてもらう）。

2．ビーチボールを持つことが目的なので，投げてわたさないで，確実にわたす（置く）。

■このアクティビティでのお年寄りの動き■

●手をひらく（パーにする）。

●腕を曲げる。

6　ビーチボールを受けとる

◎お年寄りからビーチボールを受けとりましょう。

■進め方■

　　手のひらを差し出して，

　満面の笑みで，

　「さあ，こっちへちょうだい」という感じで。

　　思わず，ビーチボールを差し出してしまうオーラをかも

　しだして。

　「からだを動かして」という強い願いをこめて。

■このアクティビティでのお年寄りの動き■

●手をひらく（パーにする）。

●腕を曲げる。

●腕を伸ばす。

●ボールを持つ。

●ボールをはなす。

7 ビーチボールを上から落とす

◎ビーチボールを上から落として，お年寄りにキャッチしてもらいましょう。

■進め方■

1．まず，両手を（おなかの前で）広げて，受けとる姿勢をつくってもらう（構えてもらう）。

2．構えているところをよくねらって落とす。
　ビーチボールをキャッチするというより，手の中へ落とす感じで。

3．はじめは，「落とす」というより「置く」ようにして，様子を見ながら，少しずつ（落とす）高さをあげていきましょう。

■このアクティビティでのお年寄りの動き■
●手をひらく。
●腕を曲げる（構える）。
●腕をあげる（構える）。
●ビーチボールをつかむ（キャッチする）。
●顔をあげる（ビーチボールを見る）。

8 ビーチボールをパスする

●●●●●●●●●●●●●●●●●●●●●●●●●●●●●●

◎ビーチボールをパス（投げてわたす）して，お年寄りに受けとってもらいましょう。

■進め方■

1．まず，両手をビーチボール大に（おなかの前で）広げて，受けとる姿勢をつくってもらう（構えてもらう）。

2．両手で下からやさしくていねいに投げてあげて。構えているところへ，投げ入れてあげる感じで。投げる側の，コントロールも大切。

3．ごくごく短い距離（10センチぐらい）からはじめて，様子を見ながら，距離を離してみましょう。

■このアクティビティでのお年寄りの動き■

●手をひらく。

●腕を曲げる。

●ビーチボールをつかむ（キャッチする）。

9 盆踊りをする

◎盆踊りをいっしょに踊ってみましょう。

■進め方■

　　盆踊り（特に炭坑節）は，動き（振り）が歌になっているので，とてもわかりやすい。歌いながら動けば，運動量もアップ。

　　こんなに，自然にからだを動かせる道具（盆踊り）を利用しない手はない！

　　盆踊りの季節に限らず，１年中，利用してもいいくらい（ラジオ体操よりいいかも）。

♪ほって，ほって，またほって

♪かついで，かついで，あともどり

♪押して，押して，開いて，チョチョンガチョン

■このアクティビティでのお年寄りの動き■

●腕を曲げる。

●腕を伸ばす。

●足をあげる。

●足をおろす。　　その他　たくさん……。

10　ゆび相撲をする

◎お年寄りとふたりで，ゆび相撲をしてみましょう。

■進め方■

　１．まずは，親指の準備運動を。

　　準備運動…はじめに親指を出す。親指を曲げたり，伸ば

　　したりする。

　２．準備運動が終わったら，ふたりで手をしっかり組んで，

　　ゆび相撲をしてみましょう。

■このアクティビティでのお年寄りの動き■

●手を握る。

●親指をだす。

●親指を伸ばす。

●親指を曲げる。

11 ずいずいずっころばしをする

◎お年寄りとふたりで，ずいずいずっころばしをしてみましょう。

■進め方■

1．げんこつの上から，人差し指を中へ入れる。

人差し指が自由に出し入れできるぐらいの大きさを維持してもらう。

2．歌いながらやってみる。

♪ずいずいずっころばし　ごまみそずい

3．（指の出し入れ役を）交代してみる。

■このアクティビティでのお年寄りの動き■

●手を握る。

●腕を曲げる。

●腕をあげる（構える）。

●指を出す（交代したとき）。

♬ ずい ずい ずっ ころば〜し ♬

12　輪投げをする

●●●●●●●●●●●●●●●●●●●●●●●●●●●●●●●●●●●

◎輪を１本だけ使って，ふたりで輪投げをしてみましょう。

■進め方■

> １．握手のできる距離で，向き合って座る。
>
> ２．輪投げの輪を１本わたす。
>
> 　　腕をピンの代わりにする。
>
> 　輪は，両手で投げても，片手で投げても構わない。
>
> 　（輪を）投げるというよりも，「ここへ入れて」と，腕を
>
> 　差し出す感じで。
>
> 　※輪投げの輪は，新聞紙で，大きくつくることもできます。

■このアクティビティでのお年寄りの動き■

●輪を握る。

●腕を曲げる。

●腕を伸ばす。

●目標物（相手の腕）を見る。

30

13　手拍子をする

◎曲にあわせて，手拍子をしてみましょう。

■進め方■

　　手拍子をしやすい曲を選んでみましょう。

　　盆踊り（炭坑節，東京音頭など）。

　　または，その人が好きな曲（手拍子をしそうな曲）を選んで。

（筆者がよく使う曲）

●北国の春

●憧れのハワイ航路

●丘をこえて

●お座敷小唄

●水戸黄門

※対象者の年代によって，かなり個人差があります。

■このアクティビティでのお年寄りの動き■

●手をたたく。

●リズムにあわせる（音を聴く）。

14　ゆびきりをする

◎ふたりで，ゆびきりをしてみましょう。

■進め方■

1．まずは，小指を，できるだけしっかり出してみる。

2．小指を曲げてみる。

　ふたりでゆびきりをする。

3．歌いながらやってみる。

　♪ゆびきりげんまん　うそついたら　針千本　のーます
　　ゆびきった

■このアクティビティでのお年寄りの動き■

●小指を出す。

●小指を曲げる。

●腕を曲げる。

●腕をあげる。

●腕をおろす。

15　楽器を鳴らす

◎曲にあわせて，楽器を鳴らしてみましょう。

■進め方■

　　あくまでも，からだを動かす道具として，楽器を利用する。

　　目の前で，「いっしょに動きましょう」というオーラを出しまくって（といっても，くれぐれもにらみつけないように）。

　　いっしょにやる人は（リードする人は），少々オーバーに動くぐらいでちょうどいい。

※楽器がなければ，音楽にあわせて手拍子でもいい。

※使用する曲は，手拍子をしやすい曲（P32参照）を選んでみましょう。

■このアクティビティでのお年寄りの動き■

●楽器をもつ（握る）。

●タンバリン（たたく，振る）。

●カスタネット（たたく）。

●すず（振る）。

●トライアングル（打つ）。

16 話しかける

◎身近なことを質問してみましょう。

■進め方■

　　身近なことについて質問をしてみる。

　　　例）「朝食はなんでしたか？」

　　　　　「…………納豆……。」

　　会話をするというよりも，「聴覚を使う」機会をふやすと思って。

　　質問をすることで，自然と「考える」行動を行っている。よい質問は，人の頭を刺激します。

■このアクティビティでのお年寄りの動き■

●話を聞く。

●返答する（答える）。

●（答えを）考える。

17 足ぶみをする

◎いっしょに，足ぶみをしてみましょう。

■進め方■

1．その場で軽く足ぶみをする。

2．軽く腕をふる。

3．号令をかける　例)「1，2，1，2……。」

　　　　　　　　「よいしょ，よいしょ……。」

　　　　　　　　「わっせ，わっせ……。」

　「足ぶみってなんて素晴らしいのだろう」というオーラを
かもし出しながら。

4．行進曲にあわせてやってみる(「365歩のマーチ」ほ
か)。

■このアクティビティでのお年寄りの動き■

●足をあげる。

●足をおろす。

●腕をふる。

18　おじぎをする

◎浅く，深く，中ぐらいなど，いろんなおじぎをしてみましょう。

■進め方■

　　おじぎをすることで(前かがみになるので)，背中の筋肉がほぐれる。

　　浅いおじぎから始めて，しだいに深いおじぎへ。

　　「こんにちは〜」なんてセリフつきでいかが？

　　こんなことばで誘導して。

　　「おへそをのぞきこむように。」

　　「おでこをひざにつける気持ちで。」

　　「足の間に頭をいれる感じで。」

■このアクティビティでのお年寄りの動き■

●背中を丸める（背中を伸ばす）。

19　ばんざいをする

・・

◎ゆっくりと，大きく，ばんざいをしてみましょう。

■進め方■

「ばんざあい！」とはっきり声に出してみる。

「両手をあげましょう」というよりも「大きくばんざいしましょう」ということばで，誘導してみる。

大きくばんさいをすると，とっても気持ちがいい。

大きな声を出すともっと，気持ちがいい。

からだを伸ばすことは，やっぱり気持ちがいい。

「ばんざあい」の代わりに「フア〜ア（あくび）」もおすすめ。

■このアクティビティでのお年寄りの動き■

●手をひらく。

●腕をあげる。

●胸をひらく。

20　じゃんけんをする

◎お年寄りとじゃんけんをしてみましょう。

■進め方■

いろんな進め方で試してみる。

例）先に３回勝ったほうが勝ち。

例）反対の手でじゃんけんをする。

例）両手でじゃんけんをする。

例）何人かで競って，（勝ち数の数で）チャンピオンを決めてみる。

■このアクティビティでのお年寄りの動き■

●手をひらく（パー）。

●手を握る（グー）。

●指を出す（チョキ）。

●腕をあげる。

●腕を曲げる。

21 肩をかるくたたく

◎肩を軽くたたいてマッサージしましょう。

■進め方■

力加減を聞いてみる。

「これぐらいでどうですか？」

「もっと強い（強くたたいた）ほうがいいですか？」

「もっと弱くしてみますか？」

肩をほぐす方法

肩を持ちあげたり，さげたりする（2，3回）。

手のひらで軽くさする。

手のひらで軽くたたく。

手のひらで軽く押す。

相手の気持ちよさそうなものを見つけてみましょう。

■このアクティビティでのお年寄りの動き■

●頭をさげる。

●頭を傾ける。

22 背中をかるくたたく

◎お年寄りの背中を軽くたたいてマッサージしましょう。

■進め方■

できれば，少し前かがみの姿勢になってもらう。

背中をほぐす方法
前かがみになる。
背中を手のひらでさする。
背中を手のひらで軽くたたく。

■このアクティビティでのお年寄りの動き■

●前かがみになる。

●頭をさげる。

23　腕をかるくたたく

●●●●　●●●●　●●●●　●●●●　●●●●　●●●●　●●●●　●●●

◎腕を軽くたたいてマッサージしましょう。

■進め方■ ・・・

　　（相手の）手首を軽くつかんで，もう一方の手（つかんで
いない方の手）で，軽く腕をたたく。

　　下から上までまんべんなく。

　　どれくらいの力加減がよいのかを聞いてみて。

　　たたき方は，包丁で大根を切るような感じで。

■このアクティビティでのお年寄りの動き■

●腕をあげる。

24　手のひらをゆびで押す

◎親指で（相手の）手のひらを押してみましょう。

■進め方■

1．手のひらを前にだしてもらい，両手でささえるように
持ちます。

2．両手の親指を使って，（相手の手のひらの）いろいろな
場所を押してみましょう。

3．「どうですか？」「もっと強くしますか？」「弱くします
か？」などと，力加減を聞いてみましょう。

4．反対の手も忘れずに。

■このアクティビティでのお年寄りの動き■

●手をひらく。

●腕をあげる。

25　握手をする

◎いろんな握手をしてみましょう。

■進め方■

1．ふつうに握手（手を上下する）。

　　小さい握手（ふつうに握手よりも小さく上下する）。

　　大きい握手（頭の上からひざ下ぐらいまで上下する）。

　　速い握手（速く上下する）。

　　素早い握手（小さく素早く小刻みに上下する）。

　　それぞれ，回数を決めてやってみる（10回ずつ）。

2．反対の手でもやってみる。

3．目と目を見つめあってやってみる（ちょっと照れくさいけど，またそれが，新鮮な気持ちになる）。

■このアクティビティでのお年寄りの動き■

●手を握る。

●腕をあげる。

●腕をおろす。

26　手のひらを合わせる

◎手と手をあわせて，上下させてみましょう。

■進め方■

1．はじめに片手だけでやってみましょう。

　手と手をピッタリあわせて。

2．できるだけ，手のひらをピッタリとつけたまま，ゆっ

　くりさげたり，あげたり……を繰り返す。

　手をさげたときに，腕のウラ側がよく伸びて気持ちいい。

3．反対の手も忘れずに。

※ひじをしっかり伸ばすと，より効果があがります。

　（腕がのびてる感覚がわかりやすい）。

■このアクティビティでのお年寄りの動き■

●腕をのばす。

●手をひらく。

●腕をあげる。

●腕をおろす。

27　手のひらを合わせて押す

◎手のひらをあわせて軽く押してみましょう。

■進め方■

1．はじめは片手で，少しだけ力を入れて押してみる。

　　押した分だけ，押し返してもらうようにする。

　　ことばがけの例

　　「少し押しますよ。負けないで押し返してみてください
　　ね。」

2．反対の手もやってみましょう。

※しっかりと安定したイスに座ってやりましょう（後ろへ
　の転倒に注意）。

■このアクティビティでのお年寄りの動き■

●手をひらく。

●腕を曲げる。

●腕を伸ばす（押す）。

28　ひっぱりっこする

◎握手をしたまま，ひっぱりっこしてみましょう。

■進め方■

　１．まず，はじめに，握手だけをする。

　２．こんな声かけをしてみましょう。

　　「すこーし，引っ張りますから，負けないように引っ張り

　　返してみてくださいね。」

　　相手にあった力で，引っ張りましょう。

■このアクティビティでのお年寄りの動き■

●手を握る。

●腕を曲げる（引き寄せる）。

29　シーソーする

◎両手をつないで，からだを行ったり来たりさせてみましょう。

■進め方■

1．両手をつないで，軽く手前に(自分のほうへ)，引っ張ってみる。

2．引っ張ることができたら，もとのところへ戻す。

3．(できれば)相手にも同じように引っ張ってもらう。

何度か繰り返してみる。

ごくごく小さな動きからスタートする。

掛け声をかけてみる「いちにいのさーん」。

回数を決めてやってみる「10回繰り返しましょう」。

■このアクティビティでのお年寄りの動き■

●手を握る。

●腕をあげる。

●背中を丸める。

●背中を伸ばす。

からだをほぐすお手伝い

30　両手をつなぐ

◎大きな輪をつくるようにして，両手をつないで，その輪を立てて（片方を上へ，もう一方を下へ）みましょう。

■進め方■

1．はじめに両手をつなぐ。

2．つないだ手を（輪を）広げる。

3．握ったまま，どちらか片方を上へ持ちあげる。
　　もう一方は，下へさげる。

4．余裕があれば，頭をその中に入れるようにしてみる。
　　体側（からだの横）がよく伸びます。

■このアクティビティでのお年寄りの動き■

●手を握る。

●腕をあげる。

●腕をおろす。

●体側（からだの横の部分）をのばす。

66

31 空き缶を転がす

◎太ももの上で，空き缶を横にしてコロコロと転がしてみましょう。

■進め方■

転がすだけで，きもちいい〜。

空き缶をマッサージ器のかわりに。

足を開いて，太ももの前，内側，外側，裏側を。

太ももだけでなく，腕，背中など，いろんな場所で。

自分でやっても，やっぱり，きもちいい〜。

※お年寄りが，自分ひとりでできるようなら，やらせてあげましょう（その分の運動量も増えます）。

■このアクティビティでのお年寄りの動き■

●手をひらく（ひとりで行った場合）。

●手を動かす（ひとりで行った場合）。

32 手首をもってふる

◎手首をもって，上下にふってみましょう。

■進め方■

腕をブラブラさせる感じで。

小刻みにすると，よくふれる。

腕がほぐれて（力が抜けて）気持ちいい〜。

反対の手も忘れずに。

試しに自分でも誰かにやってもらってみるといい（力を抜いて）。

■このアクティビティでのお年寄りの動き■

●腕をあげる。

●腕をおろす。

虚弱なシニアの アクティビティって?

そんなに盛り上げなきゃいけないの？

●●●●●●●●●●●●●●●●●●●●●●●●●●●●●●●●●●●●●

「とにかく盛り上げてください」。都内のある特別養護老人ホームから，ぼくのところにそんな依頼がありました。

でも，「盛り上げる」ってどういうことなのでしょう？　腹をかかえて笑わせたりすることでしょうか？　そう考えると，ぼくにはとても苦痛に思えてきました。きっと，スタッフの方々も，ぼくと同じ思い（盛り上げることを苦痛に思うこと）をしている人がいるんじゃないでしょうか？

実は，ぼくがシニアの体操指導をはじめたころは，盛り上げなきゃいけないという強迫観念にとらわれていました。

でもあるとき，自分は何のために(体操指導を)してるんだろう？と考えてみると，盛り上げるためにやっているんじゃないということに気づきました。

もっとほかに大切なことがあるはず，それが，からだを動かすことだったのです。

それからは，「どうしたら，運動量をふやすことができるか？（たくさんからだを動かすことができるか）」と考えるようになり，「どうしたら盛り上げることができるか？」なんてことは，自然と考えなくなりました。自分の目的を達成することができれば，自然と結果がついてくる（動かすことができれば，自然と楽しくなる）と考

74

えることができるようになりました。

　いろんな方々とお話ししていると，「盛り上げなきゃいけない」という結果を気にしすぎている人が多いように思います。そうするとどうなるか。リードする人にとって，大きな負担となってのしかかってきます。ついには，（リードすることを）誰もやりたがらなくなってしまいます。

　じゃあ，負担を少しでも減らすにはどうしたらいいのか？　ぼくが考える負担軽減法は次の3つです。

　1　自分にできる範囲の目的を決めること
　ぼくの場合は，運動量を増やすこと（からだをたくさん動かすこと）です。

　2　盛り上げることを目的としないこと
　「盛り上がった」というのは，あくまでも結果にすぎません。「盛り上げるために」ではなく，「目的を達成するために」と考えたほうが，より効果的に労力を使うことができます。

　3　スタッフ全員が共通の意識をもつこと
　ひとりだけが目的を決めてがんばっても，まわりの人が「盛り上がらなかったから失敗」と思うようでは，意味がありません。みんなの理解があれば，盛り上げなきゃいけない呪縛から解放されるはずです。

からだを動かすお手伝いをする

　先にご紹介したとおり，大切なことは，盛り上げるためにするのではなく，まずは，からだを動かすこと。からだを動かしたからこそ，心地よい疲労感と充実感が感じられるのです。

　じゃあ，少しでもからだをたくさん動かすためにはどうしたらいいのか？

　いろいろと試行錯誤をした結果（今でも試行錯誤していますが），自然にからだを動かすように働きかけることが大切だと思います。

　ある特別養護老人ホームに，Ｉさん（女性）がいらっしゃいました。ふだんは車椅子に座ったままじっとしているＩさんですが，音楽がかかると，膝をたたき出すのです。

　ノってくると，歌も歌いはじめます。手も動かしているし，口も動いているし，立派にからだを動かしているんです。

　そうすると，からだを動かすために音楽をかける（利用する）という考え方ができます。

　また，ある人は，じゃんけんがとても大好きで「じゃあんけ〜んぽいっ」と掛け声をかけると，必ず，反応してくれます。これも，同じように，動かすためにじゃんけんを利用することができます。

　このほかにも，盆踊りや，ばんざいなど大きくからだを動かすものから，ゆびきりや，ゆび相撲など小さく動かすものまで，すべてが，からだを動かすことに，利用できるのです。

この本では，そんな，からだを動かすのに，有効な道具をとりあげています。そこで，もっともっと道具を上手に使いこなす方法をひとつ紹介します。

　それは，「さあ，いっしょに動かしましょう」「からだを動かすって気持ちいいですね」という気持ちを持ってみること。強く思えば思うほど，そのオーラが本人の気づかないうちに出てきます。相手が思わず，すーっと引き込まれてしまいそうな。

　そう考えると，まず，自分自身が，からだを動かすことは大切なんだと，ホントに感じる必要があります。自分が好きでもないものを，他人に「好きになってね」なんて言っても，所詮，無理な話でしょうから。

　からだを動かすことは大切だ，なんて，ことばで言うことは簡単です。まずは，ホントに自分自身が，そう思えるのかどうかを考えてみること。ホントにそう思えれば，時間とともに，相手にも，その気持ちが伝わるのではないでしょうか。

からだをほぐすお手伝いをする

　ぼくは，パソコンにむかって，2時間ほどすると，背中がつっぱったようになります。そんなときは，ストレッチをしたり，散歩したり，泳いだり……。とにかくからだを動かすことで解消しています。

　人間，同じ姿勢を長い時間続けていると，からだがガチガチになってしまいます。車椅子に1日中座っていることも，同じことだと思います。でも，ホントは思いっきりノビでもしたくても，からだをほぐしたくても，思いどおりに動かないことだってあります。

　そこで，まわりにいる人が，からだをほぐすお手伝いをしてあげられたらいいな，なんて思うんです。何も，そんなに難しいことじゃないんです。肩をたたいてあげたり，背中をたたいてあげたり，腕をもって振ってあげたり，そんなちょっとしたことでも，いいんです。大切なことは，座ったままで何もしない時間を少しでも減らすことだと思うんです。

　これって，床ずれ予防のために，（他人の力で）からだの向きを変えるのと同じことだと思うんです。（からだが）悪くならないために，第三者の力で予防する。肩をたたくことも，背中をたたくことも，すべてが健康を維持するための（今より悪くならないための）大切な手段のひとつなんです。そのための方法を，「からだをほぐすお手伝いをする」の章で，いろいろと紹介しています。

特別養護老人ホームのある職員の方に，こんな質問をしたことがあります。

　「（こちらが握手しようと）手を差し出したときに，（自らが動いて）握手をする方はどれくらいいらっしゃいますか？」

　答えは，約１割の方が握手をするということでした。残りの９割の方々は，手を差し出さない（手を動かさない）ということになります。

　それだったら，こっちから，手を握ってあげてもいいと思うんです。たかが握手でも，手を握ったり，腕を上下させたりして，からだを動かしています。それだけでも，いいと思うんです。**本人の意思で動くことも，もちろん大切ですが，こちらから働きかけて，動かすことも大切だと思います**（床ずれ予防と同じ考え方です）。

　ただ現実的な問題として，職員ひとりで，20人も30人も相手にすることは，とても大変なことだと思います。

　１日に５人と握手する，１日に５人の肩をたたく，などなど，まずは，自分にできそうなことから，はじめてみてはいかがでしょうか。

生活のリズムを維持するために

「できる人が限られてしまう」

「楽しい雰囲気づくりがうまくできない」

「あまり反応がないと，自分のやり方が悪いんじゃないかと悩んでしまいます」

ある特別養護老人ホームの職員の方が，こんな話をしてくれました。ぼくも，経験者ですからこのお気持ちは痛いほどよくわかります。

でも，日中に歌や体操などをすることには，とても大切な意味があります。それは，次のとおりです。

１．残存機能を使う（健康を維持する）。

２．食欲を増進する（からだを動かすことでエネルギーを消費する）。

３．夜の睡眠を誘発する（日中に，何もしない時間を減らす＝起きている時間を増やす）。

支援者がプログラムを行うからこそ，生活のリズムが自然と維持されているのであって，何もしなければ，食欲がなくなったり，夜，寝つきが悪くなったり，不眠症になったり，昼夜逆転現象（昼間に寝て，夜起きていること）が起きたりします。

① 残存機能を使うことで健康維持

② 食欲を増進する

③ 夜の睡眠を誘発する

よく遊ぶ子どもは，（疲れるから）よく寝ます。お年寄だって同じ
です。日中によくからだを動かせば，夜は眠くなります。しっかり
睡眠をとれば，また，次の日中は起きているはずです。そしてまた
からだを動かす。この繰り返しです。

　大切なことは，何もしていない時間を少しでも減らすことです。

　そう考えてみると，はじめにあげた3つの悩みは，あまり問題で
はないということがわかります。

　盛り上がるかどうかとか，楽しいかどうかとか，反応してくれる
かどうか，ということよりも，もっと大切なことがあるのです。そ
れが生活のリズムを維持することだと，ぼくは思っています。

　また，それが，介護予防といわれるものではないでしょうか。

おわりに─ハードよりもソフトの時代─

　介護保険を機会に，民間をはじめたくさんの団体がシルバー産業に参入してきています。

　先日，ある民間企業より，「デイサービスのプログラムをもっと充実させるために，スタッフ育成をしてほしい」と，ご依頼がありました。著書を読んでいただいたのがきっかけだそうです。

　とても素晴らしいと感じたことは，これからは，ハードよりもソフトだということでした。建物が立派だとか，大きなお風呂があるとか，そんなことよりも，まず，スタッフの質を向上させることが，第一だとお考えになっていることでした。

　まさに，おっしゃるとおりだと思いました。どんなに素晴らしいハード（建物やモノ）があっても，ソフト（スタッフ）の質がよくなければ，お客様はきっと，どこか物足りないはずです。（ぼくだって，欲しいものがあっても，店員がイヤだったら，その店では，買い物をしたくありません。その人の売上になるのも悔しいし……）

　これからは，きっと，ソフトの充実している施設が残っていくと思います。自然とそうなると思いますが，個人的にも，そうなるべきだと思います。

　よいものが選ばれて残る。そのよいもの基準は，人それぞれでいいと思いますが，あくまでもその基準は，モノではなく人だと思います。

　「笑顔であいさつしてくれる」
　「笑顔で話しかけてくれる」
　「気づいたことをほめてくれる」
　「友達と交流できるよう，とりはからってくれる」
　「事故のおきないよう，注意をはらってくれる」
　など……。

　そんなあたりまえのサービスが，あたりまえでなくなりかけているからこそ，「モノ」ではなく「人」が大切なんだと思います。

斎藤道雄

著者紹介
●斎藤道雄

体操講師，ムーヴメントクリエイター。

クオリティ・オブ・ライフ・ラボラトリー主宰。

自立から要介護シニアまでを対象とした体操支援のプロ・インストラクター。

体力，気力が低下しがちな要介護シニアにこそ，集団運動のプロ・インストラクターが必要と考え，運動の専門家を数多くの施設へ派遣。

「お年寄りのふだん見られない笑顔が見られて感動した」など，シニアご本人だけでなく，現場スタッフからも高い評価を得ている。

【お請けしている仕事】
○体操教師派遣（介護施設，幼稚園ほか）　○講演　○研修会　○人材育成　○執筆

【体操支援・おもな依頼先】
○養護老人ホーム長安寮
○有料老人ホーム敬老園（八千代台，東船橋，浜野）
○淑徳共生苑（特別養護老人ホーム，デイサービス）ほか

【講演・人材育成・おもな依頼先】
○世田谷区社会福祉事業団
○セントケア・ホールディングス（株）
○（株）オンアンドオン（リハビリ・デイたんぽぽ）ほか

【おもな著書】
○『虚弱なシニアでもできる楽しいアクティビティ 32』
○『少人数で盛り上がるシニアの 1, 2 分体操&ゲーム 50』
○『車椅子の人も片麻痺の人もいっしょにできる新しいレクリエーション』
○『椅子に腰かけたままでできるシニアのための脳トレ体操&ストレッチ体操』
○『超シンプルライフで健康生活』
○『目の不自由な人も耳の不自由な人もいっしょに楽しめるかんたん体操 25』
○『認知症の人も一緒に楽しめる！　リズム遊び・超かんたん体操・脳トレ遊び』
○『介護レベルのシニアでも超楽しくできる　声出し！　お祭り体操』
○『介護スタッフのためのシニアの心と体によい言葉がけ 5 つの鉄則』
○『要介護シニアも大満足！　3 分間ちょこっとレク 57』
○『車いすや寝たきりの人でも楽しめるシニアの 1〜2 分間ミニレク 52』
○『1,2 分でできるシニアの手・足・指体操 61』
○『椅子に座ってできるシニアの 1,2 分間筋トレ体操 55』
○『1,2 分でできる！　シニアにウケる爆笑体操 44』（以上，黎明書房）

【お問い合わせ】
ブログ「みちお先生のお笑い介護予防体操！」: http://qollab.seesaa.net/
メール：qollab.saitoh@gmail.com

＊イラスト・わたいしおり

新装版　虚弱なシニアでもできる楽しいアクティビティ 32

2020 年 7 月 10 日　初版発行

著　者　斎　藤　道　雄
発行者　武　馬　久仁裕
印　刷　株式会社　太洋社
製　本　株式会社　太洋社

発　行　所　　　　株式会社　黎　明　書　房

〒460-0002　名古屋市中区丸の内 3-6-27　EBS ビル　☎ 052-962-3045
FAX 052-951-9065　振替・00880-1-59001
〒101-0047　東京連絡所・千代田区内神田 1-4-9　松苗ビル 4 階
☎ 03-3268-3470

落丁本・乱丁本はお取替します。　　　　　　　ISBN978-4-654-07676-5
© M.Saito 2020, Printed in Japan

新装版　要支援・要介護の人も いっしょに楽しめる ゲーム＆体操

斎藤道雄著　　B5・90頁　1700円

同じゲームや体操でも一斉に同じ動きをするのではなく、シニアの身体能力にあったバリエーションを提案できます。『要支援・要介護の人もいっしょに楽しめるゲーム＆体操』を新装・大判化。

少人数で盛り上がるシニアの 1，2分体操＆ゲーム 50

斎藤道雄著　　B5・63頁　1650円

「少人数」「1，2分」「準備なし，道具不要」の3拍子そろった体操＆ゲームを各25種紹介。体操とゲームを自由に組み合わせて活用でき，待ち時間などにも効果的に活用できます。2色刷。

椅子に座ってできるシニアの 1，2分間筋トレ × 脳トレ体操 51

斎藤道雄著　　B5・64頁　1650円

右手と左手で違う動きを同時にしたり、口で「パー」と言いながら手は「グー」を出したり……，筋トレと脳トレが一緒にできる体操を51種紹介。椅子に腰かけたままできて誰もが満足できます！　2色刷。

1，2分でできる！ シニアにウケる爆笑体操 44

斎藤道雄著　　B5・70頁　1650円

笑って体を動かせばますます元気に！　道具も要らず座ってできる手・指・顔・足等を使った44の爆笑体操を，図を交えて紹介。体操が更に盛り上がる，スタッフのための爆笑体操の成功のワザも収録。2色刷。

椅子に座ってできるシニアの 1，2分間筋トレ体操 55

斎藤道雄著　　B5・68頁　1650円

ちょっとした空き時間に、イスに掛けたままでき、道具も不要で、誰もが楽しめる筋トレ体操を55種収録。よい姿勢を保つ力、歩く力、立ち上がる力等がつくなど、生活に不可欠な力をつける体操が満載。2色刷。

1，2分でできるシニアの 手・足・指体操 61

斎藤道雄著　　B5・72頁　1700円

いつでも、どこでも、誰にでも、手軽にできて、運動効果抜群！　の手と足と指をメインにした体操を61種収録。現場スタッフのための体操の際の声掛けのコツ、体操を盛り上げるポイント付き。2色刷。

車いすや寝たきりの人でも楽しめる シニアの1〜2分間ミニレク 52

斎藤道雄著　　B5・64頁　1650円

車いすや寝たきりのシニアの方々を対象にした、短時間で楽しくできるミニレクリエーションを52種厳選収録。「定番ゲーム」「脳トレ」「アート」「料理」など魅力溢れる9ジャンルに分類し紹介。2色刷。

要介護シニアも大満足！ 3分間ちょこっとレク 57

斎藤道雄著　　B5・66頁　1650円

高齢者介護の現場で使える、3分間でできるちょこっとレクを57種紹介。「あべこべカウント」「手ットボトル」「赤い歌合戦」など、多様なレクを時間に合わせ自由に組み合わせて活用できます。2色刷。

介護スタッフのためのシニアの 心と体によい言葉がけ 5つの鉄則

斎藤道雄著　　A5・92頁　1500円

シニアの心にも体にもよい言葉がけを誰でも会得できるよう、目からウロコの5つの鉄則に分け35例紹介。食事介助や施設内でのトラブルも言葉がけ次第で和やかに。一般の方にも役立つ話し方の極意です。

＊表示価格は本体価格です。別途消費税がかかります。
■ホームページでは、新刊案内など小社刊行物の詳細な情報を提供しております。「総合目録」もダウンロードできます。http://www.reimei-shobo.com/

介護レベルのシニアでも超楽しくできる
声出し！ お祭り体操

斎藤道雄著　　　　　B5・64頁　1600円

声を出せば誰もが元気に！　楽しい掛け声とともに行う，シニアが超楽しめる体操を24種収録。体操支援で特に大切な一言や，お祭り気分になる！　極意等，シニアがより楽しめる体操支援のコツも満載。

認知症の人も一緒に楽しめる！
リズム遊び・超かんたん体操・
脳トレ遊び

斎藤道雄著　　　　　B5・64頁　1600円

認知症のシニアも楽しめる「あくびが出た」「ふたり風船バレー」「じゃんけん足し算」など動きのシンプルなレクを収録。スタッフのための「こんな顔で援助すると効果的」などの親切アドバイス付き。2色刷。

要介護シニアにも超かんたん！
ものまねエア体操で健康づくり

斎藤道雄著　　　　　B5・64頁　1650円

もちつきや和太鼓などの動きをイスに座ってまねするだけ！　でその気になって楽しめる体操です。目や耳の不自由な方も楽しくできます。シニアの体の動き方が劇的に良くなる「魔法の言葉」付き。2色刷。

目の不自由な人も耳の不自由な人も
いっしょに楽しめる
かんたん体操 25

斎藤道雄著　　　　　B5・64頁　1650円

目や耳の不自由なシニアもいっしょに楽しめる，道具のいらないかんたん体操を25種類紹介。施設のスタッフがプロインストラクター並に支援できる，各体操の指示・支援の極意も掲載しました。2色刷。

車椅子の人も片麻痺の人も
いっしょにできる
新しいレクリエーション

斎藤道雄著　　　　　B5・64頁　1650円

施設などで，車椅子の人も片麻痺の人も自立レベルの人もいっしょにでき，みんなが満足できるレクを紹介。ゲームや体操だけでなく，もっともっとシニアが楽しめるレクがいっぱいです。2色刷。

コピーして使えるシニアの
語彙力＆言葉遊び・漢字クイズ
シニアの脳トレーニング⑪

脳トレーニング研究会編　　B5・66頁　1700円

熟語・ことわざ・慣用句などに関する穴埋めクイズや二択問題，クイズ絵，とんちクイズ，間違い探し，記憶力遊びなど。時折，算数問題も交えながら，楽しく語彙力・漢字力をアップ。カラー8頁。

コピーして使えるシニアの
クイズ絵＆言葉遊び・記憶遊び
シニアの脳トレーニング⑩

脳トレーニング研究会編　　B5・66頁　1700円

おなじみの言葉遊びや記憶遊び，江戸時代に流行した判じ絵をアレンジしたクイズ絵など，シニアが楽しく頭をひねって取り組める，ユニークな脳トレクイズや遊びを多数収録。カラー8頁。

コピーして使えるシニアの
脳トレーニング遊び
シニアの脳トレーニング⑨

脳トレーニング研究会編　　B5・66頁　1700円

シニアが頭を気持ちよく使って楽しめる34種の脳トレ遊びを収録。判じ絵，裏表記憶遊び，究極のクロスワードパズル等，飽きずに取り組めるユニークな脳トレ多数。コピーして施設でのレクにも。カラー8頁。

コピーして使えるシニアの
漢字で脳トレーニング
シニアの脳トレーニング⑧

脳トレーニング研究会編　　B5・68頁　1500円

漢字をテーマにしたクイズ，遊び，なぞなぞ，占い，記憶力トレーニングなど，易しいものから少し難しいものまで収録。漢字で思う存分楽しめ，漢字の知識も飽きずに深められます。

＊表示価格は本体価格です。別途消費税がかかります。